SOMMAIRE

LE LAPIN NAIN

Le LAPIN NAIN ressemble à un petit lapin domestique. Son museau est toujours en mouvement. Intelligent et fidèle, cet animal se dresse comme un chat.

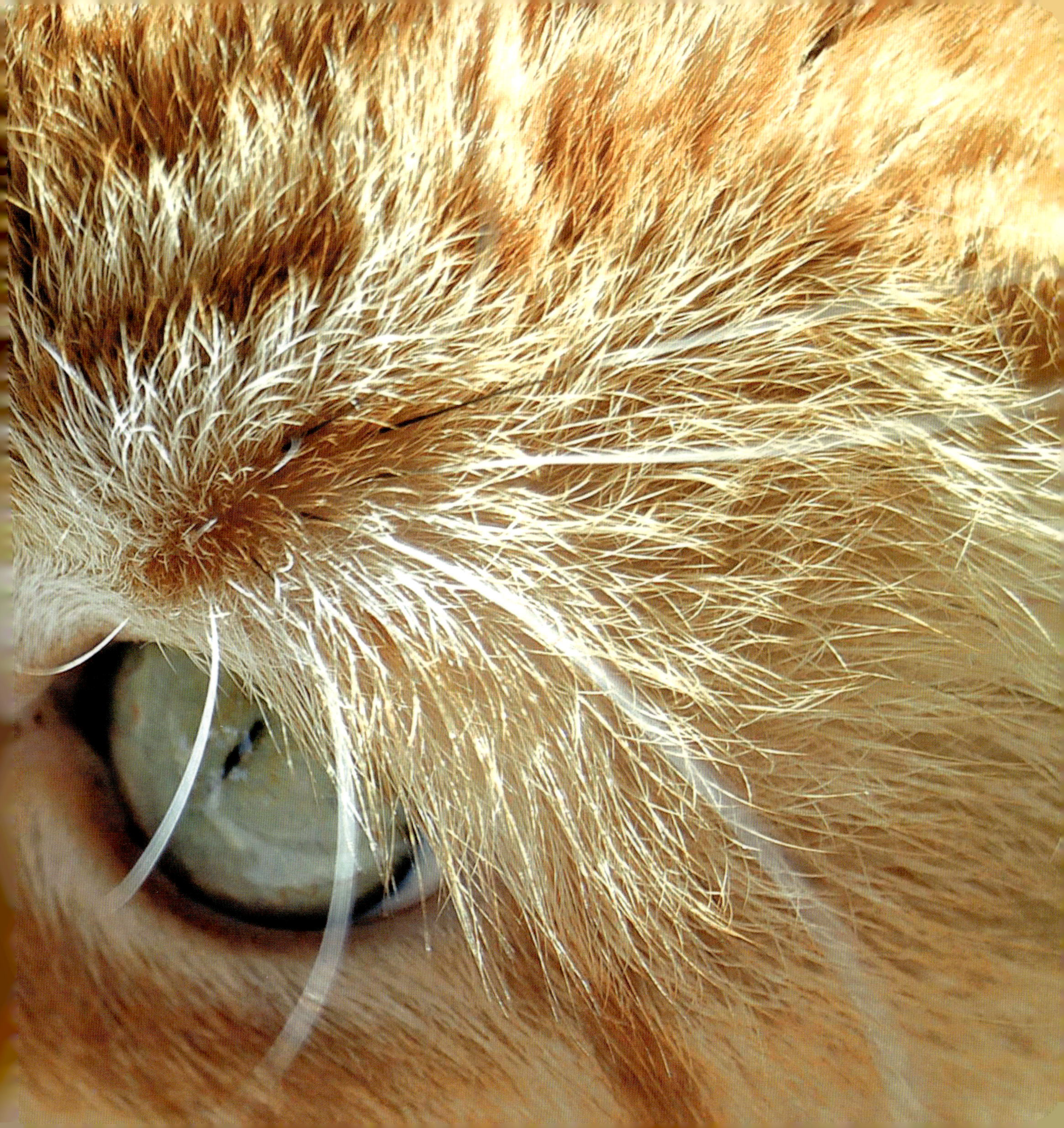

Direction générale : Gauthier Auzou
Direction éditoriale : Aude Sarrazin
Texte : Patrick David
Création graphique : Benjamin Rouffiac
Mise en page : Quat'Coul Paris
Crédits photographiques : Fotolia (pages de garde, pages 6, 7, 8, 10, 11, 16, 18, 19, 20, 21, 22, 23, 24, 25, 26, 27, 28, 29),
Mond'images (pages 9, 17) et Sipa-press (pages 12, 13, 14, 15).

ISBN : 978-2-7338-1598-4
Dépôt légal : janvier 2011

LA SOURIS

La SOURIS peut être blanche, grise, chocolat, noire ou bicolore. Très active et agile, elle s'apprivoise très bien et aime jouer, mais elle s'échappe facilement.

LE HAMSTER DORÉ

Le HAMSTER DORÉ est un petit rongeur qui s'active la nuit. Ses grandes joues, appelées bajoues, lui permettent de stocker de la nourriture.

LE COCHON D'INDE

Le COCHON D'INDE est aussi un rongeur. Il aime beaucoup les légumes, les graines et le pain. Cet animal est assez fragile et craint les fortes chaleurs.

LE FURET

Mammifère carnivore, le FURET est la forme domestique du putois. Il est très intelligent et joueur, mais il faut lui apprendre à ne pas mordre ses maîtres.

LE CHAT EUROPÉEN

Joueur, très intelligent et adroit, le CHAT EUROPÉEN est plein de vie... mais il dort beaucoup ! Il est souvent très câlin avec ses maîtres.

LE CHAT SIAMOIS

Le CHAT SIAMOIS est un chat très vif avec un fort caractère. Il adore ses maîtres mais il est possessif et très jaloux. Ce chat est très bavard !

LE CHAT MAINE-COON

Le MAINE-COON est un chat géant qui a besoin de faire beaucoup d'exercice ! Très doux et câlin, il recherche la présence de ses maîtres.

LE CHAT PERSAN

Avec ses longs poils, le CHAT PERSAN a beaucoup d'allure. Plutôt paisible, il a besoin de calme. Il n'aime guère chasser et préfère rester à l'intérieur.

LA TORTUE DE FLORIDE

La TORTUE DE FLORIDE est aquatique. En Amérique, dans la nature, elle habite les eaux douces et calmes garnies de végétation. Elle est carnivore.

LE POISSON ROUGE

Le POISSON ROUGE est une forme domestique naine de la carpe d'Asie. Il aime les eaux calmes et fraîches. Il s'élève dans un grand aquarium, jamais dans un bocal.

LE CANARI

Le CANARI est un petit oiseau connu pour son chant très mélodieux. Dans la nature, il est vert et brun. Les formes domestiques sont surtout jaune vif ou orangé.

LA PERRUCHE ONDULÉE

Dans la nature, la PERRUCHE habite les savanes sèches et très chaudes.
Cet oiseau se nourrit surtout de graines. Il chante très bien et souvent.

LE CHIEN DE BERGER

Le CHIEN DE BERGER aide son maître à garder les troupeaux de vaches ou de moutons. Il court autour des bêtes en aboyant ; ce chien semble bien s'amuser.

LE BERGER ALLEMAND

Autrefois, le BERGER ALLEMAND gardait les troupeaux de moutons. Maintenant, sa force, son intelligence et son flair en font un excellent chien de garde.

LE LABRADOR

Le labrador est un gros chien intelligent, très doux, joueur et fidèle à son maître. Il est souvent utilisé pour guider les personnes aveugles dans la rue.

LE COCKER

Avec ses yeux tristes, le COCKER a l'air malheureux mais il sait monter la garde ou jouer des heures avec les enfants. C'est aussi un excellent chien de chasse.

LE PONEY

Le PONEY est un cheval qui reste petit toute sa vie. Animal très intelligent, sensible, parfois têtu mais généralement très doux, il est très lié à son maître.

LE POISSON COMBATTANT

Petit poisson d'eau douce d'Asie, le COMBATTANT vit en groupe mais si deux mâles sont présents dans le même aquarium, ils se combattent jusqu'à la mort.

LE JACK RUSSEL

Petit chien de compagnie vif et tonique, le JACK RUSSEL était autrefois un excellent chien de chasse qui, grâce à sa petite taille, pénétrait dans les terriers des renards.

LE CANICHE

Avec ses poils frisés, le CANICHE ressemble à un petit lion. Ce chien est curieux, actif et très joueur, mais c'est un chien de caractère qu'il faut bien dresser.

LE YORKSHIRE

Chien de petite taille, le YORKSHIRE est le compagnon préféré des familles qui vivent en appartement. Malgré sa taille, il aboie fortement en cas de danger.

LE WESTIE

Avec sa petite taille et sa frimousse adorable, le WESTIE ressemble à une peluche. Attention, c'est un chien de chasse qui a besoin de beaucoup courir.

LE BOXER

De couleur fauve ou brune, avec des taches blanches, le boxer est un chien calme, attaché à ses maîtres mais parfois exubérant.